AF268148

I 27
n
1693

NOTICE

SUR

MIRABEAU

Traducteur de Tibulle

PAR A. BÉZIERS

⁂

HAVRE

IMPRIMERIE LEPELLETIER

1868

NOTICE

SUR MIRABEAU

Traducteur de Tibulle

Tout le monde sait qu'il y a eu, au commencement de la ré-
volution française, un puissant orateur du nom de Mirabeau,
qui a ébranlé l'ancienne monarchie par les foudres de son
éloquence. L'éclat de sa vie publique a porté quelques érudits
à rechercher et à publier aussi les détails de sa vie privée.
On s'est arrêté surtout avec complaisance sur ses amours
avec Madame de Monnier, autrement dite *Sophie* ; et ceux
qui seraient curieux de les connaître, n'auraient qu'à lire
le troisième volume des *Mémoires* de Mirabeau, publiés par
son fils adoptif, M. Lucas-Montigny, ou bien encore les in-
téressantes causeries de M. Sainte-Beuve sur les dialogues
inédits de Mirabeau et sur ses lettres écrites du Donjon de
Vincennes. Il avait été enfermé dans cette prison, par l'ordre
de son père, en l'année 1777, pour n'en sortir que le 13 Dé-
cembre 1780, après quarante-deux mois de captivité. Le
temps qu'il y passa, au reste, ne fut pas perdu pour son
génie, s'il le fut pour sa liberté ; il travaillait nuit et jour,
ne dormant que trois heures ; il écrivait sans cesse, ne lisait

que plume en main et s'intéressait à tous sujets. Il correspondait aussi de là avec Sophie, qui ayant été arrêtée à Amsterdam avec lui, avait été conduite à Paris, dans une espèce de pension, rue de Charonne, puis enfermée dans un couvent à Gien. M. Le Noir, Lieutenant-Général de Police, homme bon et humain, touché dès l'abord du sort de Mirabeau, avait autorisé cette correspondance, à la condition que les lettres passeraient par les mains de M. Boucher, premier commis du secret. M. Boucher s'y prêta avec toute l'indulgence possible et laissa Mirabeau correspondre avec qui il voulut, exigeant seulement que les originaux lui fussent rapportés. Il les avait conservés dans des cartons, où ils ont été trouvés quelques années plus tard par Manuel, alors administrateur à la police, qui les publia en 1792, moins d'un an après la mort du tribun.

Mirabeau joignait souvent aux lettres d'amour qu'il écrivait à Sophie de petits traités ou des traductions d'auteurs anciens. Les petits traités semblent la plupart avoir eu pour but d'instruire la femme aimée et de la rendre capable d'instruire à son tour leur enfant : il avait même composé, dans ce but, un *Abrégé de la grammaire française*, en vingt-cinq pages. Quelques-unes de ses traductions sont également instructives ; telle est, par exemple, la traduction de l'*Agricola* de Tacite ; mais en général elles étaient plutôt un moyen indirect de témoigner son amour ; il traduisait, à cet effet, des passages des poëtes latins et principalement des poëtes élégiaques. Ainsi, il écrivait un jour à M. Le Noir, en lui annonçant un envoi pour Sophie : « Ce sont des fragments de Lucrèce, de Catulle, de Gallus, et de ce délicieux Tibulle qu'il faut lire, relire, savoir par cœur, et relire encore. » Tibulle, comme on le voit, avait ses préférences, sans doute à cause de la manière supérieure dont ce poëte a peint l'amour :

« Amour dictait les vers que soupirait Tibulle »

et peut-être aussi un peu à cause de la ressemblance qu'il

trouvait entre la situation de Délie et celle de Sophie. Nous nous contenterons, dans cette notice, de parler de sa traduction de Tibulle.

Il le traduisait par parties et accompagnait ses traductions de notes, mais n'étant pas satisfait de son premier travail, il l'a corrigé et recorrigé plusieurs fois : « Je t'envoie disait-il à Sophie, les trois premières élégies, telles que je les ai corrigées, et je te les enverrai successivement ainsi toutes. » Il disait dans une autre lettre : « J'ai infiniment retouché aux notes et cet ouvrage est absolument neuf. » Il est facile de voir, d'après ces passages, qu'au sentiment qui lui avait fait entreprendre cette traduction, il s'en était joint un autre, l'amour de l'art, ce désir de bien faire et de mieux faire qui ressemble à l'amour proprement dit, en ce qu'il n'est jamais satisfait.

Nous avons sous les yeux une édition faite sur l'original, et publiée l'an VI de la République (1798). L'éditeur nous apprend que l'original avait été corrigé de la main de Sophie, et qu'elle en avait disposé avant sa mort. Or, elle était morte le 9 Septembre 1789, et par conséquent avant Mirabeau. Si l'on veut savoir pourquoi elle n'avait pas conservé jusqu'au dernier moment, près de son cœur, les divers témoignages d'amour venant de son ancien amant, on n'a qu'à lire les quelques lignes suivantes, extraites d'une des *Causeries* de M. Sainte-Beuve : « Elle avait retrouvé, vers la fin, un lien de cœur réel et une vraie flamme pour un M. de Poterat, ancien capitaine de cavalerie, âgé comme elle de trente-cinq ans environ, et elle était près de l'épouser, lorsqu'il mourut de la poitrine. Elle était résolue à l'avance de ne point lui survivre. M. de Poterat expira le 8 Septembre 1789, et, le lendemain 9, Sophie n'existait plus : elle s'était asphyxiée dans l'appartement dépendant du couvent de Sainte-Claire à Gien, qu'elle continuait d'habiter. Presque toujours un second amour cherche à faire disparaître les traces d'un premier amour, ou du moins cesse de tenir aux souvenirs matériels qui s'y rattachent : voilà pourquoi sans doute Sophie avait disposé de la traduction des élégies de Tibulle.

On se demande ensuite comment Sophie a pu corriger l'original. Sa correction ne portait pas assurément sur la traduction elle-même, car elle ne savait pas le latin. Ce n'est pas davantage sur l'orthographe, dont elle ignorait les règles, comme on le voit par la dédicace du petit traité de grammaire qu'il lui envoyait de sa prison : « Ma Sophie, disait-il, tu te souviens que ta mère m'a écrit une fois pour me prier de *t'apprendre l'orthographe :* je ne sais comment je négligeai une si grave recommandation. » Serait-ce enfin le style qu'elle retouchait ? La négative résulte encore de la même dédicace qui nous apprend que Sophie mettait plus de cœur que d'art et d'esprit dans sa correspondance. Sa correction a dû se borner évidemment à la partie typographique de l'original, à barrer les *t*, à boucler les *e*, à pointer les *i*, à refaire mieux certaines lettres, etc. Mirabeau n'écrivait pas lisiblement pour tout le monde ; elle l'a rendu plus facile à lire : c'est dans ce sens seulement qu'il faut entendre la phrase de l'éditeur.

Cet éditeur, à l'exemple de tous ses pareils, a loué à outrance la traduction qu'il s'était chargé de faire connaître au public. Elle a, selon lui, le rare mérite de réfléchir toutes les beautés de l'original. Tibulle, sous la plume de Mirabeau, parle français avec la même grâce, la même mollesse ; c'est la même chaleur dans le sentiment, la même vie, le même coloris dans l'expression. Elle est de beaucoup supérieure aux autres traductions du même poëte : les auteurs de celles-ci ont montré beaucoup d'esprit et de talents ; mais ils étaient moins amoureux, et c'est l'*Amour* qui doit traduire Tibulle. Cela s'appelle louer, j'espère ! Mirabeau plus modeste, mais peut-être moins sincère dans sa modestie que l'éditeur dans son admiration, se met au-dessous de tous les autres traducteurs, et il n'est pas jusqu'à M. de Pezai devant qui il ne s'incline.

Mirabeau songeait très probablement à la publication de ces élégies traduites de Tibulle, en les envoyant à Sophie ; car quand elle eut la traduction entière, il lui envoya en outre des sujets d'estampes, composés également par lui, pour mettre en tête de chaque livre : « Je t'envoye, ma tendre enfant, les sujets d'Estampes que j'ai composés, pour mettre à la tête de chaque livre de cet ouvrage, j'espère que tu en seras contente. »

Ces sujets d'estampes, qui se trouvent dans l'édition de 1798, sont au nombre de dix. Le premier est un frontispice, représentant Tibulle, au moment où il compose ses élégies : un Amour tient le parchemin, un autre Amour conduit la main du poëte, un troisième Amour élève un trophée de fleurs et de pipeaux auxquels le petit fripon, dit Mirabeau, ne manque pas de joindre son flambeau. Nous ne décrirons pas les autres sujets d'estampes, dans lesquelles on voit Cupidon présidant, sous toutes les formes, aux amours de Tibulle et de Délie. Nous nous contenterons de dire qu'il y a beaucoup de détails voluptueux qui figureraient encore mieux dans les œuvres de Parny que dans celles de Tibulle. Il est fâcheux que Mirabeau ait mis tant de sensualité dans l'expression de sa passion pour Sophie. Il aurait dû se rappeler le mot de César qui nous a été conservé par Plutarque : « Il y a des choses que César peut faire et que César ne doit pas dire. » Mais nous ne sommes pas de l'avis de ceux qui pensent que Manuel aurait dû retrancher de la correspondance de Mirabeau tout ce qui s'y trouve de sensuel et de grossier : « au lieu de quatre volumes compromis et souillés, dit M. Sainte-Beuve, on aurait pu tirer, sans *infidélité* et moyennant de simples suppressions, deux ou trois volumes touchants, graves, éloquents, dont aucune impureté ne souillerait la grâce, dont aucun danger ne ferait condamner l'agrément. » C'est avec un pareil système qu'on a retranché de Pascal tous les passages qui avaient un air trop sceptique, et qu'on a mutilé d'autres ouvrages d'une manière ou d'une autre. Des suppressions sont des infidélités tout aussi graves que des additions : il faut qu'on connaisse celui qui a écrit, tel qu'il a été, ou pas du tout. Et l'on a bien fait également, selon nous, dans l'édition de 1798, de mettre les estampes destinées par l'auteur à accompagner sa traduction, ainsi que les longues notes qui se trouvent après chaque livre.

Parmi ces notes, les unes sont mythologiques, les autres historiques ; ainsi, pour ne parler que de celles du premier livre, qui sont au nombre de sept, cinq sont relatives à des divinités du paganisme : à Palès, déesse des bergers ; à Cérès, déesse de l'agriculture ; à Priape, dieu des jardins ; aux Lares, ces dieux du foyer, et à Vénus dont il est inutile d'indiquer le patronage. Les deux autres notes, qui sont historiques, sont relatives à la pourpre de Tyr et aux cérémonies des funérailles. Si nous étions obligé d'apprécier ces notes, nous dirions que nous les considérons comme quelque chose d'élémentaire destiné encore à l'instruction de Sophie. On voit les mêmes détails dans tous les traités de mythologie ou bien dans les traductions des auteurs anciens. En les compilant, Mirabeau n'a pas puisé aux sources ; autrement il l'aurait dit : cela se dit toujours, parce qu'on se donne ainsi l'air d'un savant de premier ordre. Il s'est contenté d'être l'écho des autres échos qui l'avaient précédé.

Il n'a pas cherché non plus à donner une explication philosophique des faits mythologiques d'après l'un des deux systèmes admis de nos jours, l'Evhémérisme ou le système astronomique. Il semble n'avoir pas connu les idées des Dupuis et des Volney, ses contemporains. Il se contente de rapporter les traditions consignées dans les ouvrages des poëtes et les institutions religieuses ou politiques fondées sur ces antiques traditions du polythéisme. Ce sont pour lui des légendes, mais non des mythes : il ne voit pas, comme les savants d'outre-Rhin, des symboles et des allégories dans les divinités païennes et dans les circonstances merveilleuses de leur vie céleste ou terrestre ; il n'y voit que des faits semblables à ceux de l'histoire et des croyances qui ont exercé une influence plutôt heureuse que malheureuse sur l'antiquité. On ne le blâmera pas trop d'avoir suivi cette

méthode, si l'on considère qu'il commentait un poëte éro-
tique et qu'il écrivait pour une femme. Au reste ces notes
sont très exactes et fort instructives ; elles contiennent à
peu près tous les détails qu'on trouve consignés çà et là
dans les livres classiques, annotés par les savants professeurs
de l'Université ; et si nous ne craignions pas le voisinage des
élégies, nous recommanderions ces notes aux lycéens et aux
séminaristes surtout, qui connaissent trop peu la mythologie
et qui échouent souvent, à cause de cela, dans la version
latine. Mais c'est assez pour la partie savante de l'ouvrage de
Mirabeau ; passons maintenant à la partie artistique, et,
après avoir parlé de l'accessoire, parlons du principal, c'est-
à-dire de la traduction elle-même.

Quand on traduit un poëte, on doit se préoccuper de plusieurs choses. Il faut d'abord bien saisir sa pensée, ce qui
n'est pas toujours facile, surtout si la pensée se dissémine en
plusieurs mots formant autant de nuances ou de degrés pour
lesquels la langue du traducteur n'offre que des équivalents
éloignés ou équivoques. En second lieu, le poëte donne à sa
pensée un ornement particulier qu'on appelle *image*, et
l'image est considérée comme tellement essentielle à la
poésie, qu'on refuse le nom de *poëtes* à ceux qui font des
vers dépourvus de cet ornement et qu'on les appelle simplement des *versificateurs.* Une traduction, pour être fidèle,
doit donc conserver les images dont le poëte original a re-
vêtu ses pensées : autrement elle ressemblerait à la copie d'un
tableau dont on aurait reproduit le dessin, mais non le coloris. Enfin la poésie étant une musique, si vous vous faites
l'interprète et l'écho des poëtes, vous devez imiter la mélodie
ou l'harmonie de leurs chants. Le traducteur de Tibulle a-t-il
satisfait à ces trois conditions ? A-t-il toujours bien saisi la
pensée de son auteur, avec toutes ses nuances ? Lui a-t-il
donné, sinon les mêmes ornements, — car cela n'est pas
toujours possible — au moins des ornements équivalents,
d'une égale convenance et d'une égale beauté ? Enfin, en
lisant sa traduction, croyons-nous entendre cette musique
divine qui sort de la bouche des poëtes ? C'est ce que nous

voulons examiner, en peu de mots, sans esprit de contention ni de dénigrement, mais par amour du beau et de l'art.

D'abord on peut lui reprocher d'avoir traduit un poëte en prose, et d'avoir ainsi fait disparaître l'élément musical qui forme un des caractères essentiels de la poésie. La prose, quelque harmonieuse qu'elle soit, ne peut pas avoir cette mesure et ce rhythme qui font de la poésie la compagne et la sœur de la musique ; et l'on a eu tort, selon nous, d'appeler *poésie* la prose de Bernardin-de-Saint-Pierre et de Châteaubriand ; elle a sans doute du nombre, mais le nombre n'a jamais produit des effets d'harmonie comparables à ceux qui résultent d'une bonne et belle versification. Nous ne ferons pas un crime pourtant à Mirabeau de n'avoir pas traduit son poëte favori en vers, s'il n'a pas eu le talent ou plutôt la patience nécessaire pour cela. La fougue de l'orateur qui l'agitait déjà, et dont il est facile d'apercevoir les éclats, même dans *les lettres écrites de Vincenne,* entraînait sa plume avec une trop grande rapidité pour qu'elle pût attendre la rime. Mais on sent dans sa traduction une certaine verve, qui n'est pas sans charme pour l'oreille, on y sent comme les premiers frémissements de ce souffle oratoire qui plus tard aura tant de puissance. On pourrait citer, pour le prouver, une foule de passages ; nous nous contenterons de citer une page de la troisième élégie du premier livre, que nous prenons presque au hasard : c'est un petit tableau du règne de Saturne, sujet traité par tous les poëtes latins.

« Que l'on vivait heureux au siècle de Saturne, lorsque des routes immenses ne traversaient pas encore tous les pays! Le pin orgueilleux ne bravait pas les flots azurés ; des voiles téméraires n'étaient point déployées aux caprices des vents, et le nautonnier avide, cherchant des terres inconnues et des trésors au travers des écueils, ne faisait pas gémir les vaisseaux sous le poids des dépouilles étrangères. Dans cet âge fortuné, le taureau vigoureux n'était pas courbé sous le joug ; le coursier bouillant et indompté ne rongeait point le frein qui le captive ; les maisons étaient sans portes, et les champs sans limites ; les chênes offraient un miel délicat avec abondance, et les mamelles des brebis étaient des sources intarissables d'un lait salutaire : alors on ne connaissait ni colère, ni violence, ni guerres, ni soldats, et le forgeron n'avait pas fabriqué par un art funeste des armes redoutables. Mais le règne de Jupiter nous a amené les blessures et le carnage : maintenant on navigue, mille voies nouvelles sont ouvertes à la mort. »

Dans ce tableau que nous venons de voir, les coups de pinceau ont été donnés vivement ; mais nous parlions d'harmonie, de musique, et pas encore des images. Eh bien, n'est-il pas vrai que les sons se succèdent là avec une certaine rapidité, à laquelle contribue cette foule d'épithètes, plus nombreuses encore dans la traduction que dans l'original ? Généralement les épithètes ralentissent la marche de l'orateur ou du poëte, et c'est à cause de cela qu'on les multiplie dans les poëmes qui demandent de la dignité, de la gravité. Sous la plume, comme dans la bouche de Mirabeau, elles donnent tout à la fois de l'éclat et du mouvement à l'expression de la pensée. Cependant, il n'égale pas l'original sous ce rapport ; et la fin surtout de sa traduction est traînante auprès de ces deux derniers vers de Tibulle.

> Nunc Jove sub domino cædes, et vulnera semper ;
> Nunc mare, nunc lethi mille repente viœ.

Il est très rare aussi qu'une traduction en prose ait des couleurs aussi belles que la poésie elle-même. Et peut-il en être autrement ? Peut-on toucher au papillon gracieux, surtout quand il vole dans les airs, sans enlever la fine poussière qui forme les jolis dessins et les brillantes nuances de ses ailes ? La poésie est pour le moins aussi délicate, le moindre souffle étranger la ternit, le moindre attouchement la déflore ; et il vaudrait peut-être mieux la laisser dans la langue où elle est née et où elle trouvait mille convenances, que de la refondre, pour ainsi dire, dans un autre moule où disparaîtra tout ce qu'elle tenait et de l'air et de la lumière de son ciel natal. Mais à ce compte-là, Sophie n'aurait pas connu Délie et n'aurait pu comparer ses amours avec les amours de l'affranchie romaine ; Mirabeau aurait perdu aussi une occasion indirecte d'exprimer sa passion avec plus de délicatesse qu'il ne l'a fait dans ses lettres qui ont, dit Sainte-Beuve, le faux goût, le faux ton et les *fausses couleurs* de l'époque. Enfin, ne contestons pas à Mirabeau le droit qu'il a cru avoir d'user de Tibulle de cette façon, et voyons plutôt, par un ou deux exemples, si nos prévisions se sont réalisées, et si on retrouve au moins dans sa traduction les membres épars d'un poëte, *disjecta membra poëtæ* : voyons s'il a conservé les métaphores, les comparaisons, les mots physiques et concrets, enfin tout ce qui rend le style imagé et pittoresque. Prenons par exemple, les vers suivants, de la première élégie du Livre I, qui sont consacrés à Palès.

> Hic ego pastoremque meum lustrare quotannis,
>   Et placidam soleo spargere lacte Palem :
> Nam veneror, seu stipes habet desertus in agris,
>   Seu vetus in trivio florea serta lapis.
> Et quodcunque mihi pomum novus educat annus,
>   Libatum agricolæ ponitur ante Deo.

Mirabeau a traduit ces vers ainsi :

« Je répandrai sur l'autel de Palès des libations de lait. Car, je t'adore, ô déesse des campagnes, soit qu'un tronc informe et délaissé te représente dans nos champs ou qu'une statue antique, enlacée de fleurs, m'offre ton image dans nos villes ; et quelle que soit la récolte que l'année me prépare, j'en consacrerai les prémices à la divinité des laboureurs. »

Tibulle dit qu'il a coutume de purifier son berger tous les ans, *soleo* ; le traducteur le fait parler au futur, je purifierai. Tibulle donne à Palès une épithète caractéristique, il l'appelle la paisible Palès, *placidam* ; en effet la déesse des bergers doit aimer la paix ; le traducteur a retranché sans motif cette épithète. C'est Palès elle-même qui est arrosée

de lait, dans le poëte, *spargere lacte Palem* ; dans la traduction, c'est l'autel de Palès : or elle n'en avait pas, elle était
représentée tout simplement par un tronc d'arbre ou par
une pierre, comme on le voit par ce qui suit. Le tronc,
stipes est accompagné de l'épithète *desertus*. Ce mot peut
avoir deux sens : ou bien il signifie que le tronc a été abandonné à dessein au milieu des champs pour figurer Palès,
ou bien qu'il est placé dans un lieu peu fréquenté, désert.
Mais il n'est pas *delaissé*, puisque les bergers y font des
libations. Le *vetus lapis*, la vieille pierre de l'original s'est
transformée en une *statue antique* ; le *trivio* ou carrefour
s'est changé en *une ville* ; que dirait-on d'un peintre qui
ferait des changements pareils en copiant le tableau d'un
grand maître ?

Prenons encore un exemple au hasard, ce passage, par
exemple, de la deuxième élégie du premier livre, où Tibulle
peint la puissance de la magicienne.

> Hanc ego de cœlo ducentem sidera vidi :
>   Fluminis hæc rapidi carmine vertit iter.
> Hæc cantu finditque solum, manesque sepulcris
>   Elicit, et tepido devocat ossa rogo.
> Jam tenet infernas magico stridore catervas ;
>   Jam jubet adspersas lacte referre pedem.
> Cùm libet, hæc tristi depellit nubila cœlo ;
>   Cum libet, æstivas convocat ore nives.
> Sola tenere malas Medeæ dicitur herbas ;
>   Sola feros Hecatæ perdomuisse canes.

« Je l'ai vue conjurer les astres et les faire descendre des
cieux : à sa voix les fleuves rapides remontent vers leur
source ; la terre s'entr'ouvre ; les mânes sortent des tombeaux et les ossements respectés par la flamme du bûcher,
se rassemblent. Ses évocations bruyantes arrachent des bords
du Styx les cohortes infernales. Elle fait des aspersions de
lait, et les démons rentrent au sombre séjour. D'un mot,
quand il lui plaît, elle appelle ou dissipe les nuages, la
chaleur ou les frimas ; elle seule possède tous les funestes

secrets de Médée ; elle seule dompte les chiens féroces d'Hécate. »

Le traducteur a ajouté au premier vers des mots inutiles, *conjurer les astres*. Il n'a pas rendu l'énergie des verbes *vertit, findit, elicit, devocat :* toutes ces actions-là sont faites par la magicicienne elle-même, et les fleuves, la terre, les mânes et les ossements sont des instruments passifs de sa puissance. Ils deviennent des êtres actifs dans la traduction, et l'effet produit sur l'imagination n'est plus le même. On sent la différence qu'il y a, si l'on dit : elle entr'ouvre la terre, elle tire les mânes de leurs tombeaux, ou bien si l'on dit : la terre s'entr'ouvre, les mânes sortent de leurs tombeaux. L'épithète *tepido*, tiède, faisait image, elle a été supprimée et remplacée par un contre-sens, car la flamme ne respecte pas les ossements. Dans le vers suivant, la magicienne pousse un cri strident, *stridore*, et le cri strident s'est changé en des *évocations bruyantes*. Qu'est devenue dans la traduction cette belle répétition de *jam*, qui peint si bien la vivacité avec laquelle elle commande aux cohortes des Enfers de venir et de s'en retourner ? *Infernas* ne devrait pas être traduit par le mot infernales, qui éveille l'idée de l'enfer du christianisme, ainsi que le mot *démons*, que le texte latin ne contient pas. Voyez-vous comme cela tend à dérouter notre imagination ? Nous pourrions signaler encore dix fautes semblables dans ce petit passage ; et l'on voit que les infidélités ne portent pas seulement sur les ornements, mais sur le fond même, sur les idées et sur les faits.

Nous avons été frappé, dès le commencement de la première élégie, de l'inexactitude avec laquelle Mirabeau traduit, et de la facilité avec laquelle il change le sens de son auteur. Dans les premiers vers, le poëte latin fait un vœu : il souhaite une pauvreté qui lui procure une vie tranquille, et par conséquent il emploie le subjonctif :

Me mea paupertas vitæ traducat inerti. . . .

Et le traducteur, en employant l'indicatif ; *Pour moi la pau-*

vreté m'assure une vie exempte de soins, suppose que Tibulle
a déjà l'objet de ses vœux · or cela détruit le sens.

Songez donc, traducteurs, que vous faites une action cou-
pable, en donnant une idée fausse d'un grand poëte, à tous
ceux qui ne peuvent pas le lire dans sa langue. Homère, lui-
même, le premier entre tous pourtant, paraît insipide dans
nos traductions fades et décolorées. On peut trouver, il est
vrai, quelque plaisir à lire la traduction, de Mirabeau ; mais
il ne nous a pas rendu Tibulle, le vrai Tibulle.

Nous allons entreprendre à notre tour de traduire ce poëte
charmant : nous allons même tenter une entreprise plus au-
dacieuse que celle de Mirabeau, car nous voulons le traduire
en vers. Cela nous obligera de songer davantage à l'harmonie. En parlant ce langage, les images se présentent aussi plus
facilement. Quant à la pensée elle-même du poëte, nous
serions très blâmable, après avoir relevé les infidélités des
autres, d'en commettre d'aussi graves nous-même. Cependant, nous aurions, il nous semble, plus de droits à l'indulgence, à cause de la difficulté de la versification. On est forcé
bien plus qu'en prose, de recourir à des équivalents qui souvent, hélas ! ne remplacent pas, et qui ne sont que des fleurs
artificielles auprès des fleurs naturelles : c'est le sort de toute
traduction. Cette pensée calme un peu l'inquiétude que nous
éprouvons en publiant la nôtre ; et encore nous ne donnerons
ici que la première Elégie, à titre d'essai.

ÉLÉGIE PREMIÈRE

DU LIVRE PREMIER

Que charmé par l'éclat de l'or,
Un autre entasse l'or en piles,
Et qu'il ait avec son trésor
Mille arpents de terres fertiles ;

Pour que la crainte entre dans sa maison,
En lui montrant l'ennemi prêt à fondre !....
Pour qu'en dormant il entende le son
De la trompette à sa crainte répondre.

. . .

Pour moi que dans ma pauvreté,
Je demeure calme et tranquille ;
Et qu'un tout petit feu pétille
Chez moi, quand aura fui l'Eté.
Que l'Espérance à mes yeux fasse luire
Les fruits dorés recueillis dans les champs,
Et les raisins aussi beaux qu'abondants
Qui feront naître et la joie et le rire.

. . .

Je planterai ma vigne en la saison ;
J'alignerai mes pommiers en cordon :
A ces travaux j'ai la main exercée.
Par moi la terre aussi sera hersée ;
J'exciterai les bœufs au pas tardif.
Je porterai même l'agneau craintif
Ou le tendre chevreau délaissé par sa mère :
Pourquoi rougirait-on de ces soins vigilants ?

. . .

Je veux purifier mon berger tous les ans
Et de lait à Palès offrir la coupe austère ;
Car je t'adore, ô toi, déesse des bergers ;
Soit qu'un vieux tronc pourri, au milieu des vergers,
Abandonné longtemps, ou qu'une vieille pierre,
La tête couronnée et de fleurs et de lierre,
Présente ton image en quelque carrefour :
Les prémices des fruits, à toi, mon cher amour !
A toi, Cérès la blonde, une blonde couronne
De ces épis dorés que notre champ nous donne !
Aux portes de ton temple on te la suspendra.
Au milieu de nos fruits ensuite on placera
Le dieu Priape armé de sa faux menaçante,
Un Priape rougi que la foule tremblante

Des oiseaux ravisseurs n'ose point affronter.
Vous ne nous verrez point non plus vous rejeter,
. O Lares protecteurs d'un riche et beau domaine,
Bien réduit à présent ; je dirai qu'on amène
A l'autel un agneau pris parmi les plus gras.
Alors que j'étais riche, on vous offrait, hélas !
Une forte génisse ! — Autour de la victime,
La jeunesse champêtre, avec un chant sublime,
Vous dira : donnez-nous des moissons, de bons vins,
Et ne méprisez point les dons purs de nos mains,
Ni les vases d'argile : oui, dans les temps antiques,
On se servait toujours de ces vases rustiques.

  Epargnez mon petit troupeau
  Loups et brigands, je vous en prie ;
  Allez dans la vaste prairie,
  Dévaster un troupeau plus beau.

. . .

Je ne demande pas la moisson abondante
Qui recouvrait jadis les champs de mes aïeux :
Quelques gerbes de blé suffiront à mes vœux,
  Et rendront mon âme contente.

. . .

Que seulement je puisse en paix me reposer
Sur mon modeste lit ! oh ! qu'il est doux d'entendre,
Au dessus de son toît, la tempête passer,
Tandis que sur son cœur on presse un cœur bien tendre,
Oh ! qu'il est doux aussi de pouvoir s'endormir,
Sans avoir rien à craindre, au doux bruit de la pluie !
Dieux, donnez la richesse à ceux qui, sans frémir,
Affrontent les dangers de la mer en furie !
Mais moi content de peu, je resterai chez moi,
Couché près d'un ruisseau, dont j'aime le murmure,
A l'ombre du grand chêne, à causer avec toi,
O ma bien douce amie ! oh ! tu peux bien, Nature,
  Détruire l'or, le diamant :
  Jamais, jamais par mon absence,
  Je n'aurai cette extravagance
  De désoler un cœur aimant !

De butin, Messala, décore tes portiques ;
Cherche les ennemis et sur terre et sur mer :
Moi, je reste à jamais près des dieux domestiques,·
Enchaîné dans les bras qui veulent bien m'aimer !
A ta porte, ô Délie, esclave je soupire !
Qu'on me loue ou me blâme, il ne m'importe en rien,
Pourvu qu'en m'accueillant tu daignes me sourire !
Etre avec toi, voilà pour moi l'unique bien !
Je paîtrais les brebis, au haut de la montagne,
Loin de tout être humain, pourvu que... O mon doux lien ,
Je puisse de baisers réchauffer ma compagne,
Puis bercé dans ses bras me livrer au sommeil,
Puis l'embrasser cent fois encore à mon réveil,
Dussé-je avoir pour lit la terre toute nue !
A quoi sert, sans l'amour, un lit de pourpre et d'or ?
J'aime mieux dans tes bras trouver ma bienvenue ;
J'aime mieux sur ton sein, dormir, ô mon trésor !
Le sommeil fuit tous ceux qui n'ont pas de maîtresse ;
Mais il vient visiter l'amour dans son ivresse.

.   .   .

Que l'homme au cœur d'airain, qui peut te posséder,
Mais qui préfère à toi le cliquetis des armes,
S'en aille, furieux, à travers les alarmes,
Poursuivre un vain butin ! se faisant précéder
D'une foule enchaînée aux champs de la Syrie.
Qu'il établisse un camp pour le fougueux guerrier !
Vêtu d'or et d'argent, qu'il rentre en sa patrie,
Applaudi, triomphant, sur un brillant coursier !

.   .   .   .

Pour moi que mon regard sur le tien se repose,
Au moment du trépas ! que je presse ta main,
De ma main défaillante ! Ah ! pendant qu'on me pose
Sur le bûcher, je vois s'échapper de ton sein
Des soupirs, et des pleurs inonder ton visage.
Tu mêleras aussi des baisers à tes pleurs :
Délie, à ton amant tu donneras ce gage
D'un amour éternel !... donnez à vos douleurs,
O jeunes gens, l'essor !... vous aussi, jeunes filles !
Tibulle est mort, pleurez, pleurez près de ces feux

Qui consument son corps, et qu'en vos longues files
Eclate la douleur ! Épargne tes cheveux
Seulement, ma Délie, épargne ta figure :
Ta bouche est si jolie et tes cheveux si beaux !
Nos mânes te diraient, du fond de leurs tombeaux,
De respecter les dons de l'aimable nature.

.   .   .

Jouissons cependant de notre tendre amour :
Trop tôt viendra la mort, le front ceint de ténèbres ;
Trop tôt se glissera dans mon triste séjour,
La vieillesse glacée avec ses yeux funèbres :
Il sera défendu d'aimer en cheveux blancs,
De dire des douceurs quand j'aurai soixante ans.

.   .   .

Alors vive Vénus ! allons briser les portes !
Engageons des combats contre les amoureux !
Je suis bon général, bon soldat en ces sortes
De nocturnes exploits ! vous, clairons belliqueux,
Vous, étendards, au loin ! Appelez les blessures
Pour les ambitieux ! Donnez-leur le pouvoir !
Pour moi, content d'avoir à moi quelques mesures
De blé dans mon grenier, je dirai chaque soir :
Je méprise la faim, ainsi que la richesse,
Car j'ai du pain assez, et le cœur en liesse !